BEI GRIN MACHT SICH IHR WISSEN BEZAHLT

- Wir veröffentlichen Ihre Hausarbeit, Bachelor- und Masterarbeit

- Ihr eigenes eBook und Buch - weltweit in allen wichtigen Shops

- Verdienen Sie an jedem Verkauf

Jetzt bei www.GRIN.com hochladen und kostenlos publizieren

Bibliografische Information der Deutschen Nationalbibliothek:

Die Deutsche Bibliothek verzeichnet diese Publikation in der Deutschen Nationalbibliografie; detaillierte bibliografische Daten sind im Internet über http://dnb.d-nb.de/ abrufbar.

Dieses Werk sowie alle darin enthaltenen einzelnen Beiträge und Abbildungen sind urheberrechtlich geschützt. Jede Verwertung, die nicht ausdrücklich vom Urheberrechtsschutz zugelassen ist, bedarf der vorherigen Zustimmung des Verlages. Das gilt insbesondere für Vervielfältigungen, Bearbeitungen, Übersetzungen, Mikroverfilmungen, Auswertungen durch Datenbanken und für die Einspeicherung und Verarbeitung in elektronische Systeme. Alle Rechte, auch die des auszugsweisen Nachdrucks, der fotomechanischen Wiedergabe (einschließlich Mikrokopie) sowie der Auswertung durch Datenbanken oder ähnliche Einrichtungen, vorbehalten.

Impressum:

Copyright © 2017 GRIN Verlag
Druck und Bindung: Books on Demand GmbH, Norderstedt Germany
ISBN: 9783668991361

Dieses Buch bei GRIN:

https://www.grin.com/document/491568

Melina Schmidt

Makro- und Mesozyklusplanung im Krafttraining. Eine Einsendeaufgabe

GRIN Verlag

GRIN - Your knowledge has value

Der GRIN Verlag publiziert seit 1998 wissenschaftliche Arbeiten von Studenten, Hochschullehrern und anderen Akademikern als eBook und gedrucktes Buch. Die Verlagswebsite www.grin.com ist die ideale Plattform zur Veröffentlichung von Hausarbeiten, Abschlussarbeiten, wissenschaftlichen Aufsätzen, Dissertationen und Fachbüchern.

Besuchen Sie uns im Internet:

http://www.grin.com/

http://www.facebook.com/grincom

http://www.twitter.com/grin_com

Deutsche Hochschule für Prävention und Gesundheitsmanagement

Einsendeaufgabe

Thema: Trainingslehre. Makro- und Mesozyklusplanung Krafttraining

Inhaltsverzeichnis

1 DIAGNOSE 1

   1.1   Allgemeine und biometrische Daten 1

   1.2   Krafttestung 1

2 ZIELSETZUNG/PROGNOSE 3

3 TRAININGSPLANUNG MAKROZYKLUS 4

4 TRAININGSPLANUNG MESOZYKLUS 6

5 LITERATURRECHERCHE 9

   5.1   Effekte des Krafttrainings bei Rückenbeschwerden 9

6 LITERATURVERZEICHNIS 11

7 TABELLENVERZEICHNIS 12

1 Diagnose

1.1 Allgemeine und biometrische Daten

In den folgenden Tabellen werden die Ergebnisse des Eingangsgespräches festgehalten.

Tab. 1: Allgemeine Daten (eigene Darstellung)

Alter	20
Geschlecht	weiblich
Körpergröße	165 cm
Körpergewicht	51 kg
Trainingsmotive	Muskelaufbau Körperfettreduzierung
Berufliche Tätigkeit	Duale Studentin in einem Fitnessstudio
Aktuelle sportliche Aktivitäten	• Seit über 10 Jahren Badminton • Seit ca. 12 Monaten 2 Mal pro Woche Krafttraining
Frühere sportliche Aktivitäten	• 2 Jahre Handball • 7 Jahre Leichtathletik • 1 Jahr Tennis
Verfügbare Zeit	3-4 Mal pro Woche

Tab. 2: Biometrische Daten (eigene Darstellung)

Blutdruck	118/73 mmHg
Körperfettanteil	19 %
Orthopädische und internistische Probleme	Patella Luxation vor 5 Jahren (keine aktuellen Probleme)
Ärztliche Behandlungen	keine
Einnahme von Medikamenten	Anti-Baby-Pille
Gesundheitliche Einschränkungen	keine

1.2 Krafttestung

In der folgenden Tabelle werden die Ergebnisse des Krafttests der Individuellen-Leistungsbild-Methode (ILB) mit einem 15-Repitition Maximum (RM) dargestellt.

Tab. 3: Krafttestung ILB-Methode 15-RM (eigene Darstellung)

Übung	WDH	Testsatz 1	Testsatz 2	Testsatz 3	Endergebnis
Kniebeugen	15	55 kg	50 kg	-	50 kg
Rumänisches Kreuzheben	15	50 kg	52,5 kg	-	50 kg
LH Rudern	15	25 kg	30 kg	35 kg	35 kg
Bankdrücken	15	25 kg	30 kg	-	30 kg
KH Schulterdrücken	15	9 kg	7 kg	8 kg	8 kg
Waden an der Multipresse	15	45 kg	42,5 kg	40 kg	40 kg
Sit-Ups mit Twist auf der Negativbank	15	5 kg	10 kg	-	10 kg

WDH=Wiederholung; KH=Kurzhantel; LH=Langhantel

Aufgrund der 12 Monate, die die Probandin bereits im Fitnessbereich aktiv ist, ist sie als Fortgeschrittene einzustufen. Die ILB-Testung wurde gewählt, da die Wiederholungszahlen jeweils an den folgenden Mesozyklus angepasst werden können und diese Testung im Vergleich zu einem Maximalkrafttest wesentlich schonender für Gelenke, Muskeln und Knochen ist. Die ILB-Methode dient zur Bestimmung der Kraft für ein bestimmtes X-RM (in diesem Fall 15 Wiederholungen). Daraus werden anschließend prozentual die Gewichte für die folgenden Trainingseinheiten abgeleitet.

Vor dem Beginn des eigentlichen Tests muss sich die Probandin einem allgemeinen und einem speziellen Aufwärmprogramm unterziehen, um die Gefahr von Verletzungen während des Testverfahrens zu minimieren. Für ein leichtes Aufwärmen des biologischen Systems sowie aller größeren Muskelgruppen soll die Probandin 10 Minuten bei mittlerer Intensität auf dem Laufband laufen. Im speziellen Aufwärmprogramm werden vor den eigentlichen Testsätzen 2 Sätze á 10 Wiederholungen mit niederem Gewicht durchgeführt, um das Aufwärmen der für die Übung relevanten Muskelgruppen zu erreichen. Anschließend wird das Gewicht für den ersten Testsatz festgelegt, mit dem das 15-RM erreicht werden soll. Wichtig ist eine Ausbelastung der beteiligten Muskelgruppen, aber keine Überbeanspruchung derselben. Es sollen für jede Übung maximal drei Testsätze erfolgen. Die Ergebnisse des Krafttests sind aus der oben angelegten Tabelle 3 zu entnehmen.

Zur Sicherung der Reliabilität des Tests werden die Ergebnisse dokumentiert und für weitere Tests im Laufe der Trainingsplanung für den Makrozyklus aufbewahrt. Um die individuelle Leistungsentwicklung verfolgen zu können, wird vor jedem Mesozyklus ein Pre-Test mit festgelegter Wiederholungszahl durchgeführt. Die Steigerung wird mit einem sogenannten Post-Test nach Beenden des Mesozyklus mit derselben Wiederholungszahl dokumentiert. Die Validität der Testungen kann nie zu 100 % gegeben sein, da die Verfassung der Testperson von Tag zu Tag variieren kann. Darum wird versucht, alle Tests unter denselben Umständen durchzuführen und somit zu gewährleisten, dass die nachfolgenden Tests vergleichbare Referenzdaten liefern. Aufgrund der Einstufung als Fortgeschrittene (nach der ILB-Methode) wird die Probandin ihre Trainingssätze mit der Intensität von 70-90 % der Endergebnisse für das 15-RM absolvieren.

2 Zielsetzung/Prognose

Tab. 4: Prognose (eigene Darstellung)

Bewertung der Diagnosedaten		
Daten	Normwerte	Bewertung
Blutdruck: 118/73 mmHg	<120/80 mmHg = optimal	Der Blutdruck liegt in einem optimalen Bereich.
Ruhepuls: 63 Schläge/Minute	• <60 Schläge/Minute = Bradykardie • 60-80 Schläge/Minute = Normokardie	Der Ruhepuls liegt im unteren Bereich der Normokardie.
BMI: 18,7	<19 = Untergewicht 19-24 = Normalgewicht	Die Probandin befindet sich laut BMI Berechnung im Untergewicht.

Tab. 5: Zielsetzung (eigene Darstellung)

Ableitung von Zielen		
Inhalt	Ausmaß	Zeit
Körperfettreduzierung	2 %	In 4 Monaten
Muskelaufbau	3 kg	In 6 Monaten
Kraftsteigerung	20 %	In 6 Monaten

Die Zielsetzung der Probandin setzt sich aus Körperfettreduzierung, Muskelaufbau und Kraftsteigerung zusammen. Aus ästhetischen Gründen spielt die Körperfettreduzierung eine wichtige Rolle. Da es aus eigener Erfahrung für die Probandin schwieriger ist gleichzeitig Körperfett zu verlieren und einen Muskelaufbau zu erreichen, ist die Körperfettreduzierung auf einen geringeren Zeitraum beschränkt. Um in den Bereich für „Normalgewicht" (laut BMI-Rechnung) zu gelangen, ist es außerdem sehr wichtig den Muskelaufbau von 3 kg zu erreichen. So werden neben ästhetischen Gründen auch gesundheitliche Aspekte involviert. Die Kraftsteigerung um 20 % spielt im weiteren Verlauf der Leistungssteigerung eine entscheidende Rolle, denn hierdurch können die Trainingsgewichte erhöht und somit neue überschwellige Trainingsreize gesetzt werden. Da die Probandin keine weiteren Probleme aus gesundheitlicher Sicht aufweist, ist die Zielsetzung ohne Weiteres mit der gesundheitlichen Situation der Testperson zu vereinbaren.

3 Trainingsplanung Makrozyklus

Der folgenden Tabelle 6 ist die Periodisierung des Makrozyklus zu entnehmen, der in vier Mesozyklen (MEZ) unterteilt wurde.

Tab. 6: Makrozyklus 6 Monate (eigene Darstellung)

	Makrozyklus (6 Monate)						
	umfangsorientiert		intensitätsorientiert				
	MEZ I		MEZ II		MEZ III		MEZ IV
Trainingsziel	Kraftausdauer		Hypertrophie (extensiv)		Hypertrophie (intensiv)		Maximalkraft (extensiv)
Zyklusdauer	8 Wochen		6 Wochen		6 Wochen		4 Wochen
Wdh.	15		12		8		6
Einheiten/ Woche	2-3	ILB-Testung (15 Wdh.)	3-4	ILB-Testung (12 Wdh.)	4	ILB-Testung (8 Wdh.)	4	ILB-Testung (6 Wdh.)
Übungen/ MG	1		2		2		2
Organisationsform	GK/ Circuit		2er Split/ Station		2er Split/ Station		2er Split/ Station

GK=Ganzkörper; MG=Muskelgruppe

Fortsetzung Tab. 6:

Sätze/ Übung		2-3		3		3		4
Intensität	ILB-Testung (15 Wdh.)	70-90 %	ILB-Testung (15 Wdh.)	70-90 %	ILB-Testung (15 Wdh.)	70-90 %	ILB-Testung (15 Wdh.)	70-90 %
Satzpausen		30-45 sek.		60 sek.		60 sek.		90 sek.
Bewegungstempo		1-0-1		1-0-1		2-0-2		2-0-2

Innerhalb der Makrozyklusplanung wurde einem intensitätsorientierten Krafttraining eine höhere Bedeutung zugemessen als einem umfangsorientierten Krafttraining. Es muss in Bezug auf intensivere Belastungen bei der Probandin keine Rücksicht genommen werden, da diese eine höhere Belastbarkeit und ein höheres Leistungsniveau als eine Anfängerin aufweist. Außerdem ist es in Bezug auf die eigene Erfahrung der Testperson leichter Körperfett zu verlieren als Muskelmasse aufzubauen.

Laut der ILB-Methode werden die Trainierenden je nach Trainingserfahrung in bestimmte Leistungsbilder eingeordnet, zu denen beispielhafte Belastungsparameter angegeben werden. Diese wurden in der Makrozyklusplanung berücksichtigt. Wie aus Aufgabe 1.2 ersichtlich ist die Probandin als Fortgeschrittene einzustufen und sollte daher bis zu 3-4 Einheiten pro Woche absolvieren, bis zu 1-3 Übungen pro Muskelgruppe und 2-3 Sätze pro Übung bei einer Intensität von 70-90 %. Da die Probandin jung und gesund ist wurden diese Parameter nach dem Prinzip des trainingswirksamen Reizes (Eisenhut & Zintl, 2013, S.16-27) ausgelastet, um einen höchstmöglichen Trainingseffekt zu erzielen. Die ausgewählten drei Einheiten in der Woche gewährleisten eine optimale Relation zwischen Belastung und Erholung, da die Probandin nach jedem Training mindestens einen Tag zur Regeneration nutzen kann. Durch diese Relation wird versucht dem Prinzip der Superkompensation gerecht zu werden.

Im Verlauf der Makrozyklusplanung wird das Trainingsziel nach dem Prinzip der variierenden Belastung (Eisenhut & Zintl, 2013, S.16-27) regelmäßig abgewechselt, um neue Trainingsreize zu schaffen. Hierbei wird die Zielsetzung der Probandin berücksichtig, in der zuerst die Körperfettreduzierung (vor allem während des Kraftausdauertrainings) eine Rolle spielen soll. Das Kraftausdauertraining gewährleistet die Stabilität der Gelenke durch Muskeln (A. Güllich & D. Schmidtbleicher, 1999, S.226) und ist eine entscheidende Vorbereitung auf darauffolgende Belastungen mit gesteigerter Intensität. Anschließend soll ein Muskelaufbau (extensives und intensives Hypertrophietraining) sowie eine Kraftsteigerung (extensives Maximalkrafttraining) stattfinden. Das Ziel sind neuromuskuläre Adaptionen für eine höhere Kraftsteigerung (Komi, 1986). Ebenso wird neben der Verringerung der Wiederholungszahlen parallel die Intensität des Krafteinsatzes gesteigert, um den Anforderungen der verschiedenen Organisationsformen gerecht zu werden. Die während des Kraftausdauertrainings (das als Eingewöhnungsphase dienen soll) erworbenen motorisch-koordinativen Fähigkeiten werden in diesem langfristigen Trainingsprozess weiter ausgebaut und bei jedem neuen Mesozyklus durch die erhöhte Belastung und Beanspruchung auf ein höheres Leistungsniveau gehoben. Wie oben bereits erläutert, unterliegt die Probandin keiner gesundheitlichen Probleme und kann daher jede Trainingsform bedenkenlos ausführen.

Da sich die klassische Blockperiodisierung in Bezug auf die zunehmende Kraftsteigerung als erfolgreicher erwiesen hat (Prestes, Lima, Frollini, Donatto & Conte, 2008), wurde diese Periodisierungsmethode in der obigen Makrozyklusplanung gewählt. Charakteristisch für diese Methode ist die sukzessive Steigerung der Intensität bei gleichzeitiger Abnahme der Wiederholungszahlen. In Bezug auf die gesundheitliche Situation der Probandin gibt es keine Bedenken diese Form der Periodisierung auszuüben.

4 Trainingsplanung Mesozyklus

In den folgenden Tabellen wird der erste Mesozyklus des sechsmonatigen Programms dargestellt. Dieser wurde in zwei Phasen geteilt, um das Maximum aus der Kraftausdauerphase herauszuholen und um eine Trainingsmonotonie zu vermeiden.

Tab. 7: MEZ I - 8 Wochen (eigene Darstellung)

Zyklusdauer	3 Wochen	5 Wochen
Spezifisches Trainingsziel	Kraftausdauer	Kraftausdauer
Wiederholungen	15	15
Einheiten/Woche	2	3
Organisationsform	GK/ Circuit	GK/ Circuit
Übungen/Muskelgruppe	1	1
Sätze/Übung	2	3
Satzpausen	45 sek.	30 sek.
Intensität	70 %	80 %
Bewegungstempo	1-0-1	1-0-1

Tab. 8: MEZ I GK/Circuit - Woche 1-3 (eigene Darstellung)

Übung	WDH	Circuits	Pausen	Bewegungstempo	Gewicht
Kniebeugen	15	2	45 sek.	1-0-1	35 kg
Rumänisches Kreuzheben	15	2	45 sek.	1-0-1	35 kg
LH Rudern	15	2	45 sek.	1-0-1	25 kg
Bankdrücken	15	2	45 sek.	1-0-1	20 kg
KH Schulterdrücken	15	2	45 sek.	1-0-1	5 kg
Waden an der Multipresse	15	2	45 sek.	1-0-1	27,5 kg
Sit-Ups mit Twist auf der Negativbank	15	2	45 sek.	1-0-1	7 kg

Tab. 9: MEZ I GK/Circuit - Woche 4-8 (eigene Darstellung)

Übung	WDH	Circuits	Pausen	Bewegungstempo	Gewicht
Kniebeugen	15	3	30 sek.	1-0-1	40 kg
Rumänisches Kreuzheben	15	3	30 sek.	1-0-1	40 kg
LH Rudern	15	3	30 sek.	1-0-1	27,5 kg
Bankdrücken	15	3	30 sek.	1-0-1	22,5 kg
KH Schulterdrücken	15	3	30 sek.	1-0-1	6 kg
Waden an der Multipresse	15	3	30 sek.	1-0-1	32,5 kg
Sit-Ups mit Twist auf der Negativbank	15	3	30 sek.	1-0-1	8 kg

Zu Beginn jeder Trainingseinheit durchläuft die Probandin ein 15-minütiges allgemeines Aufwärmprogramm, um alle wichtigen größeren Muskelgruppen aufzuwärmen und die Körperkerntemperatur zu erhöhen. Hierbei läuft sie 8 Minuten auf dem Laufband und springt anschließend drei Mal 2 Minuten mit dem Springseil. Dies ist entscheidend, um das Verletzungsrisiko während der Übungen auf ein Minimum zu senken. Für das Ansprechen der übungsspezifischen Muskeln erfolgt im Anschluss ein spezielles Aufwärmprogramm, bei dem der Circuit mit 50 % des angegebenen Gewichts und nur 10 Wiederholungen durchlaufen wird. Unterstützend für das Trainingsziel „Körperfettreduktion" wird dem Trainingsprogramm ein Ernährungsplan beigelegt, der zusätzlich gewährleisten soll, dass das angestrebte Ziel zu 100 % erreicht wird. Wie in den obigen Tabellen ersichtlich, liegt die Konzentration der Übungsauswahl auf Freihantelübungen, um so die Komponente der intermuskulären Koordination und Autostabilisation bestmöglich zu integrieren. Da die Probandin bereits über Vorerfahrung verfügt und es sich hierbei um klassische Übungen handelt ist es gegeben, dass die Übungen problemlos und ohne Gefahr ausgeführt werden können und es nicht einer weiteren Phase mit maschinell gestützten Übungen zum Muskelaufbau bedarf. Außerdem ist bei einem Freihanteltraining durch den physiologischen Verlauf der Kraftkurven eine bessere Überführung zu alltäglichen Bewegungen gegeben. Durch das synergistische Zusammenwirken verschiedener Muskelgruppen bei freien Übungen wird eine erhöhte Gelenksicherung erzielt. Im Vergleich zu Übungen an geführten Maschinen treten hierbei auch höhere metabolische Effekte auf (Haff, 2000). Da jedoch auch das Verletzungsrisiko und die Anzahl an Fehlerbildern bei freien Übungen deutlich höher liegen kann, wird penibel auf eine saubere Ausführung dieser geachtet. Wie in der Makrozyklusplanung bereits angegeben, wird in diesem Mesozyklus nur eine Übung pro Muskelgruppe ausgeführt, um den Körper nicht schon zu Beginn einer Überlastung auszusetzen. Es wurde versucht alle großen Muskelgruppen zu integrieren, um so agonistisch wie antagonistisch eine ausgewogene Balance zu erreichen. Gegenüber stehen sich nach diesem Prinzip also Brust (Bankdrücken) und oberer Rücken (Langhantel Rudern), als auch unterer Rücken sowie Beinbeuger (Rumänisches Kreuzheben) und Bauch (Sit-Ups mit Twist auf der Negativ Bank). Unterstützend zur Kniebeuge wirkt das Trainieren der Wadenmuskulatur. Unterstützend für das Bankdrücken als auch für das Langhantelrudern wirkt das Trainieren der Schultermuskulatur. Durch diese Übungsauswahl ist eine ausgewogene Beanspruchung und Belastung für den gesamten Körper gegeben.

5 Literaturrecherche

5.1 Effekte des Krafttrainings bei Rückenbeschwerden

In der folgenden Tabelle werden zwei Quellen gegenübergestellt, die sich mit der Problematik von Rückenbeschwerden beschäftigen.

Tab. 10: Recherche Rückenbeschwerden (eigene Darstellung)

Autoren	Weishaupt, P., Möckel, F., Hofmann, A., Fischer, M., Lenz, M.	Weishaupt, P., Hofmann, A.
Jahr der Veröffentlichung	2008	1999
Versuchspersonen	1481 Personen im Alter von 20-69 Jahren ➢ 813 Männer ➢ 668 Frauen	10 Frauen und 5 Männer im Alter zwischen 25 & 64 Jahren mit chronischen Rückenschmerzen seit durchschnittlichen 11,5 Jahren
Versuchsaufbau	• 3 Monate 2 Einheiten pro Woche á 60 Minuten • Progressives dynamisches Krafttraining mit einer Intensität von 30-70% der Maximalkraft • Begleitend: Dehnen, Techniken zur Entlastung der Wirbelsäule und funktionsgymnastische Übungen	• Zwölfwöchige Trainingstherapie für die Wirbelsäule • Messung der isometrischen Maximalkraft für alle Bewegungsebene der Wirbelsäule vor, während und nach dem Training • Weitere Mess- und Befragungsparameter sind Schmerz- und Lebensqualitätsparameter • 2 Einheiten pro Woche á 60 Minuten • Primär progressives dynamisches Krafttraining mit verstellbarem Widerstand bei einer Intensität von 30-75% der Maximalkraft; sekundär Dehneinheiten und Techniken zum Entlasten der Wirbelsäule
Ergebnisse und Schlussfolgerungen	• Trainierbarkeit der statischen Maximalkraft ist nicht geschlechtsabhängig • Durchschnittliche prozentuale Verbesserung der Kraft in folgenden Bereichen: ➢ Nacken und Hals: 30,1% ➢ Brust und LWS: 31,6% • Trainierbarkeit der statischen Maximalkraft ist nicht altersabhängig • Das Verringern von Schmerzen ist	Objektiv: • Durchschnittliche prozentuale Verbesserung der Kraft in folgenden Bewegungen: ➢ Extension: 29,6% ➢ Flexion: 39,9% ➢ Lateralflexion rechts: 35,0% ➢ Lateralflexion links: 30,7% ➢ Rotation rechts: 32,5% ➢ Rotation links: 28,3%

	ebenfalls nicht geschlechtsabhängig, jedoch vom Alter des Patienten • Die Gruppe der über 60-Jährigen hebt sich besonders durch den Anteil der Beschwerdelosen im Bereich der LWS bedeutend von der gesamten Gruppe ab • Zu beachtende Faktoren für den Erfolg: ➢ Untersuchung durch einen Arzt ➢ Chronifizierungsgrad der Rückenschmerzen ➢ Innere Einstellung der Person zur Behandlung	Subjektiv: • 43,8% der Teilnehmer waren am Ende gänzlich beschwerdefrei • Die Regelmäßigkeit der Beschwerden verringerte sich bei 88,9% • Die Intensität der Beschwerden verringerte sich um 100% im Bereich der LWS Die Resultate bestätigen, dass diese Art von Krafttraining (progressiv-dynamisch) bei dem sog. „low-back-pain" eine Rekonditionierung der Muskulatur zulässt.

6 Literaturverzeichnis

Eisenhut, A. & Zintl, F. (2013). *Ausdauertraining. Grundlagen, Methoden, Trainingssteuerung* (8. Aufl.). München: BLV.

Güllich, A. & Schmidtbleicher, D. (1999). *Struktur der Kraftfähigkeiten und ihrer Tra ningsmethoden*. Deutsche Zeitschrift für Sportmedizin, 50 (7/8), 226.

Haff, G. G. (2000). *Roundtable discussion: machines versus free weights*. Strength and Conditioning Journal, *23* (1), 42-44.

Komi, P.V. (1986). *Training of muscle strength and power: Interaction of neuromotoric, hypertrophic, and mechanical factors*. International Journal of Sports Medicine, 7 (1), 10-15.

Prestes, J., Lima, C. de, Frollini, A. B., Donatto, F. F. & Conte, M. (2008). *Comparison of linear and reverse linear Periodization effects on maximal strength and body composition*. Journal of Strength and Conditioning Research, *23* (1), 266-274.

Weishaupt, P. & Hofmann, A. (1999). *Progressives dynamisches Krafttraining als Behandlungsmaßnahme bei Patienten mit chronischen Rückenschmerzen*. Zugriff am 03.03.2017. Verfügbar unter http://www.rfz-regens-burg.de/media/download_gallery/publikationen/1999%20Progressives%20Krafttraini ni.anuelle%20Therapie%203%20(1999).pdf

Weishaupt, P., Möckel, F., Hofmann, A., Fischer, M. & Lenz, M. (2008). *Zur Trainierbarkeit der wirbelsäulenstabilisierenden Muskulatur und der Reduktion von Beschwerden bei Patienten mit chronischen Rückenbeschwerden in Abhängigkeit von Geschlecht und Lebensalter im Regensburger Rückenmodell*. Zugriff am 03.03.2017. Verfügbar unter http://www.rfz-regens-burg.de/media/download_gallery/publikationen/2008%20ZurTrainierbarkeit%20de r%20w.Physik.%20Therapie%2012(2008)_.pdf

7 Tabellenverzeichnis

Tab. 1: Allgemeine Daten (eigene Darstellung)...1

Tab. 2: Biometrische Daten (eigene Darstellung)...1

Tab. 3: Krafttestung ILB-Methode 15-RM (eigene Darstellung)..2

Tab. 4: Prognose (eigene Darstellung)..3

Tab. 5: Zielsetzung (eigene Darstellung)..3

Tab. 6: Makrozyklus 6 Monate (eigene Darstellung)...4/5

Tab. 7: MEZ I - 8 Wochen (eigene Darstellung)..6

Tab. 8: MEZ I GK/Circuit – Woche 1-3 (eigene Darstellung)...7

Tab. 9: MEZ I GK/Circuit – Woche 4-8 (eigene Darstellung)..7

Tab. 10: Recherche Rückenbeschwerden (eigene Darstellung).....................9/10

BEI GRIN MACHT SICH IHR WISSEN BEZAHLT

- Wir veröffentlichen Ihre Hausarbeit, Bachelor- und Masterarbeit

- Ihr eigenes eBook und Buch - weltweit in allen wichtigen Shops

- Verdienen Sie an jedem Verkauf

Jetzt bei www.GRIN.com hochladen und kostenlos publizieren